Charlotte Daynes

Illustré par Ana Novaes

SAGESSES de la Roue de l'année

Éditions **CONTRE-DIRES**
19, rue Saint-Séverin
75005 Paris

INTRODUCTION

Ce livre de bibliomancie va te permettre de recevoir les messages de sagesse de la Roue de l'année : cette roue de médecine païenne et chamanique qui nous guide à travers la cyclicité de la vie depuis de nombreuses années.

LA BIBLIOMANCIE, C'EST QUOI ?

La bibliomancie est une forme de divination qui utilise les livres pour prévoir l'avenir ou chercher des conseils. Concrètement, tu poses une question spécifique, tu choisis un livre au hasard, tu l'ouvres à une page également choisie au hasard et tu lis un passage sur lequel tombent tes yeux ou ton doigt. Le passage sera ensuite interprété pour obtenir des réponses ou des indications concernant la question posée.

LA ROUE DE L'ANNÉE, C'EST QUOI ?

La Roue de l'année est utilisée dans les traditions néo-païennes, druidiques et celtiques. Elle représente le cycle annuel des saisons et est marquée par une série de fêtes célébrant les phases de la nature et ses changements. La Roue de l'année met en avant la magie des cycles de la vie, de la mort et de la renaissance.

YULE
IMBOLC
OSTARA
BELTANE
LITHA
LAMMAS
MABON
SAMHAIN

Elle se fonde généralement sur le cycle solaire mettant en avant les équinoxes, solstices et points intermédiaires. Mais de nombreuses traditions païennes intègrent également le cycle lunaire pour une pratique spirituelle complète et un calendrier associant les mouvements du Soleil et de Lune.

Les célébrations lunaires (appelées « Esbats » dans la tradition wiccane) sont considérées comme idéales pour le travail personnel, la divination et la magie. Quand les huit fêtes de la Roue de l'année (appelées « Sabbats ») sont plus orientées vers la célébration des cycles de la nature et des divinités.

Globalement, la Roue de l'année offre un cadre pour explorer sa spiritualité en harmonie avec la nature et la cyclicité de la vie.

POURQUOI CE LIVRE-ORACLE ?

Ce livre-oracle a été écrit et canalisé sur une année complète. À chaque date clé, j'avais rendez-vous avec les astres (la Lune et le Soleil) et l'Univers pour faire naître un texte :

- à chaque pleine lune et nouvelle lune ;
- pour chacune des 8 fêtes païennes ;
- à chaque mois ;
- pour le 1er jour de l'année ;
- et pour la 13e lune.

Chaque texte est un message de la Roue pour te guider, t'éclairer et t'accompagner dans ton cheminement. Il est comme un oracle dont les pages seraient reliées pour ne faire qu'un.

Il te propose :

- une réflexion intérieure et personnelle : afin de considérer des perspectives ou des idées que tu n'aurais pas eues autrement ;
- des conseils symboliques : les symboles ou métaphores contenus dans les textes pourront être interprétés de différentes manières selon le contexte ;
- inspiration et réconfort : en périodes d'incertitude ou de doute, il pourra te servir de source d'inspiration ou de confort.

Chaque message pourra :

- t'aider à prendre conscience de tes fonctionnements et schémas personnels ;
- résonner en toi pour mettre en lumière tes ressentis et questionnements du moment ;
- ou au contraire dissoner en toi et appuyer sur un déséquilibre que tu traverses.

COMMENT L'UTILISER ?

Trois possibilités s'offrent à toi !

Dans tous les cas, installe-toi au calme. Prends le temps de respirer profondément à plusieurs reprises.

Si tu as une question :

- Prends le livre-oracle entre tes mains, ferme les yeux et inspire.
- Invoque la guidance de la Roue de l'année (ex. : « J'invoque la Roue de l'année pour me guider avec justesse et clarté. »).

- Pose ta question (le mieux est de poser une question simple et ouverte).
- Ouvre une page au hasard ou à l'intuition (pour ça, tu peux choisir un numéro de page ou ouvrir le livre à l'endroit que tu souhaites).

Si tu souhaites recevoir un message pour te guider :

- Prends le livre-oracle entre tes mains, ferme les yeux et inspire.
- Invoque la guidance de la Roue de l'année (ex. : « J'invoque la Roue de l'année pour me guider avec justesse et clarté. »).
- Pense au domaine de ta vie sur lequel tu souhaites être orienté (ou à ta vie de manière générale s'il n'y a pas de domaine particulier).
- Ouvre une page au hasard ou à l'intuition (pour ça, tu peux choisir un numéro de page ou ouvrir le livre à l'endroit que tu souhaites).

Si tu souhaites recevoir la guidance de l'énergie du moment :

- Prends le livre-oracle entre tes mains, ferme les yeux et inspire.
- Invoque la guidance de la Roue de l'année (ex. : « J'invoque la Roue de l'année pour me guider avec justesse et clarté. »).
- Ouvre le livre à la page qui correspond au mieux à la date du jour (par exemple, si nous sommes en avril, réfère-toi au texte d'avril. Autre exemple, si la nouvelle lune en Cancer est proche de +/- 3 jours, alors réfère-toi à son message).

1er jour de l'année
CYCLICITÉ

Célèbre la vie, célèbre la joie, célèbre le début. Cette page blanche que t'offre l'Univers. Ce commencement où les possibilités sont infinies.

La sagesse de la Roue de l'année veut que tu commences un cycle en utilisant la même énergie avec laquelle tu termines le précédent. Ramène donc tes pensées sur les choses positives de ce cycle que tu clôtures. Sur les joies, les moments forts, les accomplissements passés. Sers-toi de ceux-ci comme d'un tremplin. Un tremplin vers la vie, un tremplin vers l'avenir.

Fais honneur à toutes ces nouvelles choses à venir. Même si ton cœur n'est pas à la fête et que la tempête gronde. Danse sous la pluie, réjouis-toi des nouvelles aventures qui te tendent les bras. Sourire scintillant, cœur rayonnant, en avant!

Janvier
RECADRAGE

Comme une « petite » brèche dans l'espace-temps d'une année, l'Univers t'offre ce temps pour cadrer, structurer, donner un ordre de priorité à chaque élément de ta vie.

Afin d'effectuer cet exercice périlleux, il est nécessaire de faire le bilan. Pour capitaliser sur ce qui a bien fonctionné, ce qui a été fluide et t'a mis en joie. Pour stopper net les cercles vicieux et les limites sans intérêt qui t'ont ralenti.

Ce recadrage te permettra d'avancer, de grandir, de t'affirmer et de rayonner pleinement. Ce recadrage ne sera pas des plus agréables et te poussera dans tes retranchements.

Tu peux décider de vivre ce moment comme un temps sombre de ta vie. Ou tu peux garder à l'esprit qu'au bout du tunnel t'attend la lumière : la satisfaction d'être aligné et la joie d'être enfin toi !

Nouvelle lune en Capricorne
DÉCONSTRUCTION

NOUVELLE LUNE AYANT LIEU ENTRE LE 22 DÉCEMBRE ET LE 20 JANVIER

Une pause s'impose. Une pause intérieure qui t'invite à l'introspection. Une pause nécessaire pour pouvoir avancer à nouveau vers ce projet de vie dont tu rêves. Une exploration intérieure pour sentir ce qui manque de cohérence dans ton environnement.

Quelque chose grésille au fond de toi sans que tu saches mettre le doigt dessus. Un petit rien qui te désaxe et t'empêche d'avancer sereinement vers ton but. Cela peut être une situation qui revient, une croyance profondément enfouie ou une relation tendancieuse un brin dérangeante. Il est même envisageable que quelqu'un n'ait pas ton intérêt à cœur et cherche à te freiner dans ta course. Cela pourrait même être toi ?!

Sois à l'écoute de tes ressentis, de ces vagues messagères qui parcourent ton corps et activent ton instinct pour te prévenir des dangers. Sois droit dans ton ancrage, fort dans ton alignement et puissant dans ta joie de vivre.

Ces pratiques sont de puissants remparts de protection contre les agressions énergétiques et les errances personnelles. En travaillant quotidiennement ton ancrage, ton alignement et ta joie, tu éloignes naturellement les vampires énergétiques, tu déconstruis tes schémas et avances vers une vie grandiose.

Pleine lune en Cancer
ÉMOTIONS

PLEINE LUNE AYANT LIEU ENTRE LE 22 DÉCEMBRE ET LE 20 JANVIER

Porte un toast à tes émotions. Qu'elles te mènent la vie dure ou qu'elles te la rendent belle, elles sont là. Elles vont, elles viennent. Parfois elles restent. Parfois elles partent. Et parfois elles reviennent.

Il y a ces émotions dont tu as du mal à te détacher quand tu ne les vis pas vraiment pleinement. Puis il y a celles qui ont tendance à te désorienter, quand tu ne leur laisses pas la place d'exister. Et si tu prenais un temps aujourd'hui pour les laisser te traverser ?!

Ancre-toi. Les pieds et les racines bien profondément dans la terre. Respire et prends contact avec ces émotions. Nomme-les, surtout celles qui te serrent la gorge. Puis une fois qu'elles sont là, expire-les et souffle-les au vent pour les laisser aller…

MANTRA

« Je suis moi, je suis là, mes émotions ne me définissent pas. »

Février
AVANCEMENT

Étape par étape. Brique après brique. De chemin en chemin.

Tu avances. Tu vas, te rapprochant toujours plus de ton âme, de ta mission de vie, de qui tu es au plus profond de toi-même.

Ces temps-ci, les avancées sont fulgurantes. Les réalisations sont grandioses. Tes prises de conscience semblent éclatantes et les actions qui en découlent n'en sont que plus lumineuses. Tes rêves grandissent et tu grandis avec eux.

Quelle joie, quel bonheur, quelle fierté de te sentir avancer, cheminer et de t'élever en alignement parfait avec toi-même. Que d'exaltation de sentir que le chemin que tu empruntes est le bon. Qu'il résonne sous chacun de tes pas. Qu'il te soutient et te guide imperceptiblement vers la meilleure version de toi-même.

Alors avance, profite et ne te pose pas trop de questions !

Imbolc
LATENCE

1er FÉVRIER

Le temps de l'introspection touche à sa fin. S'en vient la préparation de la mise en place d'un projet qui te tient tant à cœur. Ce projet est comme un trésor intérieur à déterrer de ton cœur.

Ce n'est plus le moment de chercher à comprendre les blessures que tu portes en toi. Sache qu'elles ne te définissent pas. Elles sont là pour te rappeler que tu peux/dois/vas avancer.

Le moment est donc venu pour toi de préparer la naissance de ce projet. De faire de tes blessures des alliées. De te servir de cette énergie d'acceptation et de guérison pour te projeter vers l'avant, vers l'avenir. De construire les fondations qui soutiendront ce trésor qui te fait vibrer à l'intérieur.

À l'image des premiers perce-neige qui bravent le froid, tu braves tes blessures pour croître et aller vers la lumière de ce jour nouveau.

Nouvelle lune en Verseau

TEMPORALITÉ

NOUVELLE LUNE AYANT LIEU ENTRE LE 21 JANVIER ET LE 19 FÉVRIER

Laisse-toi porter.

Au fil du temps, au fil des temporalités, des saisonnalités, des phases et cycles de vie. Sans culpabilité aucune, un temps de pause s'impose à toi subtilement. Cette pause t'invite à la réflexion, vers l'intérieur, vers ton intérieur, vers tes envies, mais surtout tes besoins.

Ce temps d'introspection est tout aussi nécessaire et important que les temps d'action. Comment pourrais-tu avancer chaque jour si tu ne prenais pas le temps de te reposer chaque nuit ?

L'Univers t'invite (même t'impose) aujourd'hui de déposer ton planning et tes actions pour (re)trouver l'inspiration, l'intuition et la voie intérieure dans l'immobilité. Dans le calme, l'apaisement, l'écoute de toi, tu croîs. Dans le silence, tu te déposes et tu te retrouves.

Pleine lune en Lion

OBSERVATION

PLEINE LUNE AYANT LIEU ENTRE LE 21 JANVIER ET LE 19 FÉVRIER

Aujourd'hui, la Roue t'invite à observer tes émotions, tes rancœurs et ressentiments. De la même manière que tu peux observer la lune se lever dans le ciel : avec appréciation et sans jugement.

La vie te demande de t'asseoir avec tes émotions, positives comme désagréables. De les observer et de les regarder avec appréciation et sans jugement. En profitant seulement de ce que ces émotions viennent éclairer en toi.

Imagine tes émotions comme des lunes dans la nuit noire de ton cœur assombri pour te transmettre un message.

Reste dans l'observation de ce qui se passe en toi, sans jugement aucun, et tu (re)trouveras le calme intérieur et la tranquillité d'esprit.

Mars
CÉLÉBRATION

La vie est une fête, une célébration de chaque instant. Chaque moment, chaque épreuve, chaque étape devrait être célébrée. Que celle-ci nous apporte la joie, la légèreté ou du chagrin. Chaque instant de vie devrait être observé et honoré.

La vie se vit dans l'instant aujourd'hui et maintenant. La Nature en fleurs ne dure qu'un instant. La seule chose que tu possèdes, c'est le moment présent. Hier n'existe que dans le présent parce que tu y es et tu t'en souviens.

Demain n'existe que dans le présent, à travers tes rêves et tes projections du jour. Tu n'as que l'ici et maintenant : cet instant où tu lis ces quelques mots. À toi de le célébrer comme tu honores le soleil qui se lève le matin ou celui qui se couche en fin de journée.

Peu importe où tu te trouves dans le cycle de la Roue. Peu importe si tu es en haut, en bas ou en transit. Tout n'est que cyclicité et c'est cette magie qui est à célébrer.

Ostara

L'AUBE

GÉNÉRALEMENT ENTRE LE 19 ET LE 21 MARS POUR L'ÉQUINOXE DE PRINTEMPS

En cette fin de cycle qui se clôture, et ce nouveau jour qui s'éveille, la peur règne en toi.

La peur d'abandonner ce qui n'est plus, de lâcher ce qui n'a plus raison d'être.

La peur d'accueillir la nouveauté, le renouveau et de devoir faire de la place pour ce qui s'en vient.

La peur de ce jour qui s'éveille. Annonçant, de ses premières lueurs, de beaux horizons parsemés d'intentions nouvelles et de jalons de vie inédits.

Respire profondément, aussi profondément que cela t'est possible, et accueille pleinement ce sentiment de peur. Il est le signe que quelque chose de grand, de magique et de magnifique se met en place. Tu peux avoir confiance, garder espoir et entretenir ta foi en l'Univers pour laisser opérer sa magie cyclique.

Nouvelle lune en Poissons

PUISSANCE

NOUVELLE LUNE AYANT LIEU ENTRE LE 20 FÉVRIER ET LE 20 MARS

Ta confiance en toi se construit et grandit pas à pas. Elle se développe à travers tes expériences passées, tes réussites et l'approbation que tu perçois dans le regard de l'autre.

Ton discours intérieur a le pouvoir de nourrir cette confiance naissante, comme de l'anéantir. C'est donc à toi de décider qui tu souhaites faire grandir : l'incertitude ou la foi en toi. Quand ton navire chavire, que ta confiance est mise à mal, tu pourras alors choisir de faire face à la vie avec force ou avec puissance.

Mais sache que :
La force t'emporte quand la puissance t'élève.
La force te rigidifie quand la puissance te stabilise.
La force te rend inflexible, entêté et parfois enragé.
Quand la puissance te module, te tempère et t'apaise.

Embrasse ta vulnérabilité. Ressens cet équilibre subtil entre force et sensibilité. C'est de là que naît ta puissance intérieure. C'est de là que se nourrit ta confiance en toi.

Ressens ta puissance intérieure et laisse-la émaner de ton être. Connecte-toi à elle et laisse rayonner cette lumière en toi que personne ne pourra jamais éteindre, ni ternir.

MANTRA

« Je suis en lien avec ma puissance intérieure et je la laisse pleinement rayonner. »

Pleine lune en Vierge
PLÉNITUDE

PLEINE LUNE AYANT LIEU ENTRE LE 20 FÉVRIER ET LE 20 MARS

Tu te sens vibrant et puissant. Comme l'espoir qui renaît à travers la plénitude. Ces rêves et passions qui t'animent trouvent enfin une brèche dans la matière. Tu es comme guidé et éclairé sur ton chemin.

La mise en mouvement est lancée et tu avances pas à pas vers la réalisation de tes rêves. En balayant tout sur ton chemin, tu te délestes des fardeaux qui te ralentissent. Ton intention profonde brille en toi et au creux de ta carapace. Elle n'attend que toi et ta volonté pour la faire rayonner aux yeux de tous.

Plutôt que de l'étouffer de l'intérieur, tel un feu privé d'oxygène, laisse-la s'exprimer et vibrer pour que tu puisses retrouver l'équilibre, l'espoir et la plénitude intérieure.

Avril

EXTRÊMES

Au fur et à mesure que tu approches de la lumière (et de la saison claire), l'Univers t'invite à te délester de ces boulets qui te retiennent dans l'obscurité.

Cette sommation de la Roue, parfois déboussolante, te fait osciller entre joie et peine en un claquement de doigts. Un jour, la vie est claire, lumineuse et joyeuse. Le lendemain, le ciel se pare de gris et la vie sombre dans les ténèbres. Parfois, ta météo intérieure vrille sur les giboulées, et il se met à pleuvoir fort alors que le soleil brille encore.

Ces changements, parfois extrêmes, te poussent dans tes retranchements pour mieux te ramener au centre. Afin que tu prennes pleinement conscience de qui tu es, de ce qui est important pour toi et de ce qui ne l'est plus.

Accepte ces changements soudains ! Ils sont synonymes de vie. Ils sont la preuve que tu es vivant, vibrant et que de belles choses se mettent en place. À condition bien sûr de savoir laisser sur le bord de la route ces fardeaux que tu t'efforces de porter (que tu te forces à porter).

Nouvelle lune en Bélier
MISE EN MARCHE

NOUVELLE LUNE AYANT LIEU ENTRE LE 21 MARS ET LE 20 AVRIL

La Roue de l'année t'invite à appeler tes idées, tes rêves à venir s'incarner dans la matière. Manifeste-les, visualise-les, envisage-les, fais-les pulser dans tout ton être. Impulse la mise en marche de ces idées à travers cette réflexion introspective.

De quoi as-tu besoin aujourd'hui ? De quoi as-tu envie ? À quoi aspires-tu ?

La nouvelle lune du printemps souffle un vent nouveau.

Celui où la Nature s'éveille et prend forme.

(R)Éveille-toi et façonne tes idées en prenant le temps de les visualiser en détail.

Profite de cet air nouveau et prends le train en route !

Le train du bonheur, celui qui se met en marche pour toi et t'amène vers une vie fluide et alignée.

Pleine lune en Balance
BRUTALITÉ

PLEINE LUNE AYANT LIEU ENTRE LE 21 MARS ET LE 20 AVRIL

Ces derniers temps, l'Univers t'invite, un peu brutalement, à te remettre dans l'axe. À plonger dans tes profondeurs, dans ta noirceur, au fin fond de ton obscurité pour faire face à tes démons. Pour faire face à ce que tu repousses sans cesse depuis quelques semaines, mois, voire années.

Cette brutalité employée est nécessaire à ta prise de conscience. Elle te met au pied du mur et te somme d'aller à la rencontre de ce que tu ignores et mets de côté depuis trop longtemps.

Rester dans ta zone de confort n'est plus un choix. La sortie de l'immobilité et la remise en mouvement sont impératives. Ce rappel peut être vécu de manière violente et forcée. Surtout si ton équilibre intérieur est vacillant.

Cependant, si tu arrives à lâcher prise, à laisser aller et à faire confiance au dessein de l'Univers, tu te rendras compte que cette brusquerie dans ton quotidien à la traîne est venue réaligner ton chemin et te poser, ou te pousser, à ta juste place.

Mai

NOUVELLE ÈRE

Tu te trouves aux prémices d'une nouvelle ère, avec des valeurs renouvelées et une vision nouvelle sur le monde. Ce changement profond engendre un séisme intérieur qui te secoue à l'extérieur. Tu te sens ballotté. Ce qui n'est plus aligné avec ton être n'a plus raison d'être dans ta réalité. Et la vie te le rappelle allègrement.

Elle te pousse, doucement ou plus durement, à sortir de ta zone de confort. Cette zone d'inconfort immobile dans laquelle tu te complais depuis trop longtemps.

L'Univers tout entier conspire pour que ta vision du monde, ta vision des choses, ton regard sur toi-même évoluent.

Accueille ce tremblement de terre qui vient déconstruire toutes tes représentations : qu'elles soient mentales, émotionnelles, physiques, mais aussi intérieures ou extérieures.

Accepte cette chance inestimable de pouvoir repartir de zéro. D'avoir la possibilité de te déconstruire et de reconstruire ton microcosme, ton environnement à ton image, avec tes valeurs et principes de cœur.

Beltane

EXALTATION

1er MAI

Ton environnement se pare d'ombre et de lumière. Comme les flammes d'un feu de bois dansant dans la nuit noire. Ces flammes sont une invitation à te célébrer avec tes parts d'ombre et tes parts de lumière.

Avec ta joie et ta peine.

Ta colère et ton enthousiasme.

Tes envies et tes peurs.

Avec tous ces extrêmes qui font de toi une personne unifiée.

Tel un diamant de mille et une facettes rayonnantes, scintillantes et vibrantes.

Avec ce feu de joie qui brûle en toi, célèbre l'amour et honore ce pas-sage de l'obscurité vers la clarté.

Laisse vibrer en toi cette flamme intérieure qui t'appelle : relie-toi à ton centre, à ton cœur, à ton essentiel. Avance vers cet essentiel, vers cette vibration qui appelle ton être tout entier. Laisse cette exaltation t'emporter dans un tourbillon magique pour accepter qui tu es vraiment : un être uni et aligné, constitué de matière et d'énergie, embrassant pleinement ses parts d'obscurité lumineuses.

Nouvelle lune en Taureau

DOUCEUR

NOUVELLE LUNE AYANT LIEU ENTRE LE 21 AVRIL ET LE 21 MAI

La Roue de l'année t'invite à te déposséder de tout ce que tu accumules dans ta vie pour te rassurer et te sentir entouré. La seule chose que tu as, que tu possèdes, c'est maintenant, c'est ici, c'est ce moment précieux qui est en train de se jouer.

Hier n'est plus. Demain n'est pas.

Tout ce que tu accumules, matériellement et relationnellement, te coupe de ce qui est important. Ce passage de la Roue est une invitation à vivre pleinement. À explorer dans la douceur, dans la lenteur, au rythme de tes envies, de tes besoins, et surtout à l'écoute de ta temporalité.

Aujourd'hui est une invitation à te détacher de tes possessions, de ta zone de confort, de tes croyances pour embrasser l'abondance intérieure, l'amour, la lumière, la grâce qui t'entoure.

Cette requête de l'Univers t'amène à prendre conscience de la beauté qui colore ta vie : les joies, les expériences, les partages, les leçons, la légèreté, les plaisirs, etc., et d'avoir une gratitude infinie envers tout cela.

MANTRA

*« J'apprécie le moment présent
et la beauté de la vie. »*

Pleine lune en Scorpion
RENAISSANCE

PLEINE LUNE AYANT LIEU ENTRE LE 21 AVRIL ET LE 21 MAI

Plonge dans tes profondeurs, dans ta noirceur, dans ton obscurité la plus terrifiante. Prends le temps d'y faire face, de la regarder droit dans les yeux, de la laisser t'envelopper en entier.

Abandonne-toi complètement à tes ténèbres, à ces tumultes qui font rage à l'intérieur de toi. C'est dans cette nébulosité que tu (re)trouveras la lueur de ton cœur. Celle qui guide le chemin vers ton temple, vers sa lumière, vers ta lumière.

En rencontrant ta lumière, tu abandonneras tes schémas obsolètes. Tu vas lâcher prise sur ce qui ne fait plus sens et ces limites qui te contiennent dans un cercle vicieux. Dans ce lâcher-prise le plus total, tu t'autorises à renaître pleinement dans la lumière universelle la plus pure.

Juin
SURPRISE

La vie est faite de surprises. Parfois, ces surprises sont bonnes, parfois non. Quelquefois, elles te surprennent et tu les sens venir.

La Roue de l'année est faite de surprises, de bonheurs, de synchronicités. Trouve en toi la capacité de vibrer la joie, de t'aligner, de te connecter à ton corps, ton cœur et ton âme. Ressens et suis le courant de la vie, celui de l'Univers avec légèreté. Tout deviendra fluide.

Tout événement, positif ou éprouvant, est nécessaire à ton cheminement. Il est une pierre de plus à l'édifice de ta vie.

Les émotions en boucle qui te polluent et t'immobilisent constituent les pierres instables et chambranlantes de cet édifice. Les épreuves douloureuses et la manière dont tu les surmontes constituent, elles, les pierres solides et stables de ta vie.

Porte ton attention sur les cadeaux cachés de chaque situation qui se présente. Accueille avec gratitude ces cadeaux de l'Univers qui te guident vers ta richesse intérieure, ton élévation spirituelle et l'abondance.

Litha
FEU INTÉRIEUR

GÉNÉRALEMENT LE 21 JUIN POUR LE SOLSTICE D'ÉTÉ

Célèbre la vie, célèbre la joie, célèbre l'instant !

Peu importe les tempêtes intérieures, émotionnelles ou relationnelles traversées. Dans ton être, autorise ton feu intérieur à se raviver.

Ce feu ardent qui s'embrase et te guide vers tes passions, tes envies, tes désirs.

Ce feu intérieur qui te reconnecte à ta vibration, celle de ton cœur.

Ce feu créateur qui t'ancre dans l'instant présent et te reconnecte à ton corps. Cette flamme qui te connecte à ton âme et à la magie de l'Univers.

Tout n'est que fluidité lorsque tu es parfaitement aligné avec la vibration de l'Univers. La vie virevolte de légèreté. Elle te dépose au bon moment, au bon endroit et auprès des bonnes personnes.

Signale à l'Univers que tu es prêt à recevoir la magie dans ta vie. Laisse le pétillant de vie exploser en toi. Cette étincelle qui s'embrase avec ton rire et ton amour pour ce qui t'entoure.

Pour ce qui est et ce qui n'est plus. Pour ce qui est dans la matière et ce qui demeure dans le subtil. Pour ce que tu ressens déjà et ce qui sommeille en toi. Profite de cet instant magique pour célébrer !

Nouvelle lune en Gémeaux
NOUVEAUTÉ

NOUVELLE LUNE AYANT LIEU ENTRE LE 22 MAI ET LE 21 JUIN

Un changement d'énergie s'opère. Tout, autour de toi et à l'intérieur de toi-même, est en train de muter. Tel un changement de paradigme profond, tu passes de la peur, des cris, de l'incertitude à la douceur, à l'amour, à la lumière.

La traversée de ta part d'ombre, de ta noirceur, de ton obscurité touche à sa fin. Les leçons et expériences sont en cours d'intégration. Ceci te porte vers un jour nouveau étincelant, lumineux et débordant de légèreté.

Autorise-toi quelques instants pour clôturer définitivement cette traversée du désert. Célèbre cette traversée afin d'en tirer (et d'en garder) le meilleur. Ancre en toi les enseignements que la peine et les épreuves t'ont apportés. Consens à t'accorder l'espace nécessaire pour te (re)connecter à l'essentiel. Reprends contact avec ton corps, ton cœur, ton âme et leurs guidances.

Laisse place à cette énergie nouvelle qui renaît en toi et dans ta vie.

Pleine lune en Sagittaire
TEMPÊTE

PLEINE LUNE AYANT LIEU ENTRE LE 22 MAI ET LE 21 JUIN

L'orage gronde. Intérieurement et dans ta vie. La tempête fait rage et amène avec elle son lot de colère.

Cette colère vient te secouer et mettre en péril cet équilibre intérieur instable que tu cultives.

Cette colère vient fragiliser les fondations oscillantes de tes relations.

Elle amène son lot de questionnements qui montent comme la sève au printemps.

Tous les aspects discordants de ta vie, de tes pensées, de tes relations sont mis en lumière.

Tout ce que tu camoufles depuis trop longtemps refait surface.

Tout ce qui prend racine sur des sables mouvants vient s'effondrer.

Ce moment fort désagréable s'impose à toi et peut paraître brutal. Mais cette déconstruction, cette remise en question, ce chamboulement sont nécessaires pour retrouver la joie et la sérénité intérieure à laquelle tu aspires.

MANTRA

« J'accueille la tempête comme un chemin vers la paix intérieure. »

Juillet
COMMUNICATION

Ta communication est au cœur de tout. Tes façons de parler, d'agir, de penser influent sur les événements à venir.

Ta communication passe par tes mots, ton intonation et aussi par tes gestes (non-verbal). Le langage de ton corps (attitudes, gestes, expressions faciales, mouvements du corps) en dit souvent plus que les mots qui sortent de ta bouche.

Il est essentiel que ta communication soit simple, claire et positive afin que l'Univers t'entende, te comprenne et réponde à tes requêtes. Plus ta communication sera positive et bienveillante envers toi-même, envers les autres et envers le Monde, plus l'Univers répondra positivement à tes demandes/prières.

Si ton discours intérieur est dur, intraitable et empreint de jugements envers toi-même, alors la Roue t'invite à y ramener douceur et amour.

Si ta manière d'échanger avec/sur les autres est pleine de ressentiments, de colère et de critiques, alors la Roue t'invite à prendre conscience de cette discorde pour pacifier ta communication, apaiser ton cœur et adoucir tes relations.

Prends conscience de ce qui te dérange pour libérer ta communication et y ramener amour et lumière.

Nouvelle lune en Cancer

LA PAGE

NOUVELLE LUNE AYANT LIEU ENTRE LE 22 JUIN ET LE 22 JUILLET

Aujourd'hui est le jour de la page qui se tourne. Ce jour où tu décides de mettre fin à cette situation que tu t'infliges. Cette situation/relation que tu subis jour après jour depuis bien longtemps.

Aujourd'hui, la Roue t'invite à réunir ton courage et ta volonté au service d'un état d'esprit positif qui te mène vers la libération. Vers ta propre libération.

Aujourd'hui, tu décides que cela a assez duré !

Aujourd'hui, tu tournes la page ! Tu mets fin à cette situation qui t'étouffe, qui t'enferme, qui éteint ta flamme intérieure. Cette situation/relation pouvait être rassurante et confortable au début. Mais du confort a découlé l'inconfort. La douceur s'est muée en noirceur. Et, à présent, l'étreinte est suffocante.

Tourne la page. Sors de cette situation. Prends le recul nécessaire pour ne plus te laisser embarquer par des excuses et des explications insensées. Ouvre la porte de la liberté et ressens cet air frais qui vient t'accueillir.

Pleine lune en Capricorne

NÉBULOSITÉ

PLEINE LUNE AYANT LIEU ENTRE LE 22 JUIN ET LE 22 JUILLET

La Roue met à l'épreuve ton ancrage, ta structure et ta stabilité. Tout te paraît flou et tu ne sais plus vraiment vers où avancer. Cela te questionne sur tes réelles ambitions et tes envies profondes. Et de fait, l'Univers te défie sur tes demandes/manifestations récentes. Peut-être as-tu oublié le pourquoi de ton combat :

- Quels étaient tes souhaits/objectifs de départ ?
- Où en es-tu rendu aujourd'hui ?
- Qu'as-tu mis en place pour y arriver ?
- Ces souhaits/objectifs sont-ils toujours d'actualité ?
- Quels efforts as-tu à fournir pour atteindre l'engagement pris envers toi-même ?

Cette prise de recul te permet de voir ce qui manque de cohérence. Elle met en lumière le travail accompli et le chemin qu'il te reste à parcourir. En faisant ce pas en arrière, tu te rends compte des cadeaux cachés venus ponctuer tes avancées.

Engage-toi à persévérer/réajuster tes intentions, à fournir les derniers efforts, à continuer de cheminer dans la direction de ce qui te tient à cœur. L'Univers recevra avec clarté tes manifestations. Il pourra alors t'appuyer et te soutenir pleinement dans ta démarche.

Août

AJUSTEMENT

L'heure de la récolte a sonné!

Mais récolter ne signifie pas qu'il ne te reste plus rien à faire, si ce n'est de profiter. Cette énergie-là, c'est celle de la période hivernale. Ce moment de la Roue de l'année qui invite au repos dans son temple intérieur.

La période estivale, elle, t'invite à persévérer et à découvrir ta capacité à t'adapter au monde extérieur. À t'ajuster aux changements météorologiques, énergétiques ou astrologiques. Mais aussi aux changements de tes humeurs ou de celles des personnes qui t'entourent.

L'Univers t'invite à récolter ce que tu as mis en place en te testant une toute dernière fois. Il met à l'épreuve ta sagesse à lâcher ce sur quoi tu n'as aucune emprise. À persévérer là où tu peux changer les choses. Mais surtout à avoir le courage de discerner l'un de l'autre.

Ta résilience et ta persévérance seront examinées tout au long de cette récolte. Mais ces ajustements et cette adaptation permanente sont ton ticket pour embarquer sans escale vers ton plein potentiel. Ton aptitude à embrasser les situations telles qu'elles se présentent t'emmène tout droit vers l'abondance.

Lughnasadh - Lammas

ABONDANCE

1er AOÛT

L'abondance est partout autour de toi. Tu n'as qu'à ouvrir les yeux et ouvrir ton cœur pour la voir dans les moindres recoins de ton quotidien. Pour prendre la mesure de ce qu'elle t'apporte dans ta vie.

Elle peut prendre la forme d'un compliment, d'un cadeau, d'une attention et même d'une main tendue.

L'abondance est déjà là. Elle frappe à ta porte. Ouvre-lui et invite-la à entrer dans ta vie.

Le terme « abondance » est souvent associé à l'abondance financière. Et pourtant, l'abondance désigne bien plus que ça.

L'abondance, c'est l'amour qui t'entoure et aussi celui que tu te portes. C'est de petits plaisirs quotidiens : un rire partagé, une fierté, le soleil qui se lève le matin, le chant des oiseaux au printemps, un repas chaud quand il fait froid C'est tout simplement recevoir ce dont tu as besoin au moment où tu en as besoin.

Laisse toute cette joie entrer dans ta vie ! Sois lucide avec ce que tu attends de ta vie (et aussi dans ta vie). Mais par-dessus tout, rends-toi compte de tout ce qui peuple déjà ta vie d'abondance.

Nouvelle lune en Lion
COLÈRE

NOUVELLE LUNE AYANT LIEU ENTRE LE 23 JUILLET ET LE 22 AOÛT

La colère te dévore intégralement. Ton être entier semble vibrer et n'exister qu'à travers la colère.

Elle tambourine dans ton âme, dans ton corps et va s'immiscer jusque dans ton cœur.

Elle t'empêche de respirer, de vibrer ou même de profiter du moindre instant.

Elle t'étouffe, te cloue sur place et n'existe qu'à travers ce feu dévastateur qui s'embrase à chaque frémissement.

Cette colère montre que tu t'es déconnecté de toi-même et de tes désirs. Tu t'éloignes du chemin, de ton chemin. Cette place, ta juste place, celle de ton être tout entier. La place de ton âme sur cette terre. Celle qui te permettrait de rayonner pleinement de ta lumière. Cette place s'éloigne de toi imperceptiblement et la colère cogne dans ton cœur comme les cloches d'une église sonnent pour annoncer l'heure fatidique.

Le temps est venu pour toi de te réveiller, de t'éveiller !

De retrouver le lien d'amour avec toi-même.

De reprendre ta place et ton pouvoir personnel.

De faire rayonner pleinement la lumière de ton âme au point d'en éblouir le monde !

MANTRA

« Je me libère de la colère pour me reconnecter à moi et retrouver ma place. »

Pleine lune en Verseau

SÉPARATION

PLEINE LUNE AYANT LIEU ENTRE LE 23 JUILLET ET LE 22 AOÛT

Le besoin de rupture pointe le bout de son nez. Le temps de la séparation inévitable est arrivé. Ce n'est plus possible pour toi de continuer à avancer sur ce chemin escarpé et accidenté qui ne te mène nulle part.

Il est temps de te défaire de cette habitude que tu as prise et qui t'empoisonne la vie. Cela peut être une addiction (sucre, alcool, drogue, etc.), une dépendance affective, une manière de parler, de réagir, ou tout autre chose.

Prends un instant introspectif pour mettre le doigt sur cette habitude qui est venue s'immiscer dans ton quotidien pour finir par le gouverner. Une fois conscientisé, mets tout en œuvre pour te sortir de ce schéma qui te dévie de ta mission de vie.

Ce schéma a pu t'être utile et t'a certainement aidé à faire face à un moment donné. Mais à présent, il te tire vers le bas. Il te distrait du but de ta vie. Détache-toi, éloigne-toi, et définis de nouvelles manières de faire, d'agir, de penser et de réagir.

Écris, décris et crie aujourd'hui la personne que tu aspires à être demain !

Septembre
INCONFORT

La Roue de l'année te met au défi. Elle vient te tester dans chacune de tes prises de décision et dans la direction que tu as choisie.

Septembre débarque tel un ouragan pour vérifier si tu es assez stable pour faire face à la tempête que peut être la vie.

Les apprentissages que tu tentes d'appliquer quotidiennement sont remis en question. Les décisions, avec lesquelles tu semblais au clair, ont un goût amer. Tu te sens comme perdu, désarçonné, à la dérive.

La joie s'évapore au fur et à mesure que ta disharmonie prend la lumière. Et l'essence même de ton âme s'évapore à chaque pas qui t'éloigne de ton chemin de vie.

Sois alors acteur du changement que tu souhaites voir opérer dans ta vie, dans ton quotidien. N'attends pas que cela vienne des autres, car ça doit venir de toi. Ne reste pas là à attendre que toute vibration de joie se fasse la malle, ou que ton âme s'étiole au point d'être méconnaissable.

Sors de ta zone d'inconfort.

Fais table rase.

Et pose-toi les bonnes questions :

- De quoi as-tu envie dans ta vie ?
- Qu'est-ce qui t'anime et te fait vibrer de joie ?
- Qui es-tu et qui as-tu envie d'être ?

Mabon
LE BILAN

GÉNÉRALEMENT ENTRE LE 21 ET LE 23 SEPTEMBRE POUR L'ÉQUINOXE D'AUTOMNE

Un virage énergétique est en train de se produire. Comme arrivé à un point culminant, il est temps pour toi de dresser un bilan. De faire un point sur tout ce que tu as accompli jusque-là. De prendre le temps de regarder le chemin parcouru, les batailles relevées et gagnées ainsi que les expériences que tu déguises en échec.

Note ce que tu viens de traverser : les côtés positifs comme les côtés négatifs et leurs conséquences. Les leçons que tu tires de tes doutes et tes trébuchements. Mais surtout les gratitudes qui emplissent ton cœur de joie.

De toutes ces choses parcourues, qu'as-tu envie de garder pour poursuivre l'aventure ?

Qu'est-ce qui, selon nous, va t'être nécessaire pour la suite ? Et surtout, demande-toi ce qui ne l'est plus ! De quoi n'as-tu plus besoin pour passer à la suite de l'histoire, la suite de ton histoire personnelle ?

Faire le bilan, c'est aussi mettre en lumière les situations et/ou les personnes qui t'alourdissent et te vident de ton énergie si vitale. En apportant cette clarté sur ta réalité du moment, tu te libères, tu te délestes pour retrouver un équilibre parfait.

Un équilibre comme celui de l'équinoxe d'automne, ce moment de la Roue où le jour et la nuit sont égaux. Tel un point de bascule qui te ramène doucement vers toi. Vers ce qui a du sens pour toi.

Nouvelle lune en Vierge
ALIGNEMENT

NOUVELLE LUNE AYANT LIEU ENTRE LE 23 AOÛT ET LE 22 SEPTEMBRE

Toutes ces émotions que tu traverses, toutes ces blessures qui te marquent au fer rouge, toutes ces peurs qui te gobent de toute part sont là pour te guider et te ramener à ton alignement.

Un alignement pur entre ton corps, ton cœur et ton esprit. Cet alignement nécessaire pour marcher pleinement sur ton chemin de vie et au travers de tes missions d'âme.

Tous ces chemins que tu as décidé d'emprunter en t'incarnant sur cette terre.

Toutes ces missions que tu as décidé de relever en choisissant ce corps, cette vie.

Toutes ces expériences plus ou moins douloureuses, légères ou transformatrices que tu as choisi de vivre.

Au travers de ces épreuves, de ces étapes, de ce cheminement, tu te rapproches de ton âme. En étant à l'écoute de ses murmures, tu actives une connexion pure avec toi-même et retrouves ton alignement. C'est grâce à cet alignement que tu vivras la vie de tes rêves, celle que tu as manifestée, celle que tu appelles à toi depuis longtemps.

Pleine lune en Poissons

CHAOS

PLEINE LUNE AYANT LIEU ENTRE LE 23 AOÛT ET LE 22 SEPTEMBRE

La Roue de l'année dépose au seuil de ta porte le chaos et la destruction. Ce qui te plonge en plein déconditionnement.

Ta manière de penser, d'être, d'agir et de voir les choses est en cours de transformation. Ton monde intérieur et ton monde extérieur tels que tu les connais ne sont plus. Ils s'effacent brutalement pour laisser la place à quelque chose de nouveau. Ils s'effacent brutalement pour te forcer à sortir de cette vase dans laquelle tu t'enlises jour après jour. Ils disparaissent à jamais pour que tu n'aies plus le choix : pour que tu sortes de tes réflexes conditionnés et de tes automatismes rouillés.

L'ère du renouveau a enfin sonné.

Le choix n'est plus. Il a été fait pour toi.

Le temps de la remise en question est passé.

Le changement est immédiat et, aussi chaotique soit-il, il laissera place à une évolution positive.

MANTRA

« J'embrasse le chaos
pour éveiller en moi un renouveau. »

Octobre

INCERTITUDES

L'avenir te semble incertain. Tout n'est que doute, peur et anxiété. Tu essaies d'avancer et de te mettre en mouvement en vain. Tout ce que tu mets en place s'envole en un écran de fumée. Comme une vision erronée du futur.

Tu ne sais même plus quoi vouloir, quoi espérer, quoi attendre de l'après. Le message de la vie te ramène à l'instant présent. À ce que tu as déjà. En toi et autour de toi.

Tes richesses intérieures et tes relations extérieures. Le passé est derrière toi et le futur n'est qu'une illusion.

Un rêve. Une projection de ton mental, de tes envies, de tes espoirs. Profite de ces moments que tu traverses, car la seule chose qui soit, c'est maintenant !

Délecte-toi de chaque instant.

De chaque moment passé en ta présence. Sans penser à demain.

Recentre-toi et concentre-toi sur ces bonheurs anodins, sur ces plaisirs du quotidien, sur ces instants de joie intense. Car, finalement, il n'y a que ceux-là qui comptent !

Nouvelle lune en Balance

CONFUSION

NOUVELLE LUNE AYANT LIEU ENTRE LE 23 SEPTEMBRE ET LE 22 OCTOBRE

Le brouillard se pose et s'installe doucement, insidieusement. Un brouillard d'une nuit d'automne : glaçant, humide et aveuglant. Tu n'y vois pas à un mètre. Tu ne sais pas vers où, vers qui, vers quoi avancer. La confusion règne. Tant autour de toi qu'à l'intérieur de toi.

Comment choisir le chemin à emprunter ou la décision à prendre lorsque la vie est brumeuse ainsi ?

Mieux vaut-il avancer ou bien rester immobile ?

Tes sens physiques sont sens dessus dessous.

Pour autant, tes boussoles intérieures (sens subtils) sont intactes : ton intuition, ton cœur et ton instinct.

Encore faut-il que tu t'y sois fié ces derniers temps

Ce que tu oublies parfois, c'est qu'après chaque période brumeuse la lumière rayonne et illumine le bout du tunnel.

Après chaque brouillard dense et intense, tout s'éclaire et s'illumine.

Après chaque nuit glaçante, cinglante et aveuglante, le soleil refait surface pour réchauffer l'atmosphère.

Pose-toi, impassible, dans la brume matinale qui t'empêche d'y voir clair, d'avancer, de savoir et de contrôler ton destin.

Pose-toi, immobile, tes pensées dans le brouillard, mais le cœur rempli de confiance, sachant pertinemment que tout s'éclairera bien vite !

Pleine lune en Bélier

HARMONIE

PLEINE LUNE AYANT LIEU ENTRE LE 23 SEPTEMBRE ET LE 22 OCTOBRE

Un rayon de soleil apparaît dans la sombre brume matinale. Il ramène la lumière tant attendue dans ton temple intérieur transformé en cave.

Le travail de questionnement profond de ces derniers mois commence à porter ses fruits. Cette réévaluation constante de qui tu es, de ce qui t'anime, de ton grand « pourquoi » prend tout son sens.

À la levée du rideau : quel spectacle magnifique ! Quelle joie intense, quel bonheur infini de te sentir enfin à ta place.

De trouver enfin le sens de ta vie.

De comprendre enfin pourquoi le cheminement a été si douloureux.

De tirer enfin les enseignements de toutes ces galères.

L'harmonie règne dans ton esprit, dans ton corps, mais avant tout dans ton cœur ! La légèreté de l'instant est plus qu'appréciable après les lourdeurs traversées.

Célèbre ces victoires, ces percées, ces prises de conscience considérables et subtiles à la fois. Assieds-toi sous les rayons du soleil ou devant la chaleur d'un feu de bois. Laisse l'énergie de l'élément feu se propager en toi et te gorger de gratitude, de vibrations qui amplifient ton rayonnement.

Novembre

ÉQUILIBRE

L'équilibre intérieur n'est pas une destination, et encore moins un but à atteindre. Il est un cheminement profond à l'écoute de soi. Un voyage à la rencontre de ton être, à la découverte de tes ressentis, et vers le respect absolu pour toi-même et tes besoins. L'équilibre est partout. Il constitue la base même de ce monde.

À l'image de la Roue de l'année, rien ne peut exister sans son contraire. La lumière n'est rien sans l'ombre. L'ombre n'existe pas sans lumière. Sans nuit, il n'y aurait pas de jour. Sans hiver, l'été serait vain. Sans peine, tu n'aurais pas le privilège de goûter au bonheur.

L'équilibre intérieur est tout sauf une destination. Il ne devrait jamais être un but à atteindre.

L'équilibre intérieur est comme une gymnastique quotidienne qui te ramène à l'essentiel. Il est comme un entraînement permanent pour être toujours plus attentif à toi. Il est comme une amélioration constante de ton écoute intérieure.

Ce passage de la Roue est là pour te rappeler l'importance de l'équilibre, de l'écoute de toi et du respect de tes limites. Ton corps, ton cœur, ton esprit trouveront toujours un moyen de rééquilibrer un déséquilibre, mais quel en sera le prix à payer ?

Samhain

LIGNÉE

DANS LA NUIT DU 31 OCTOBRE AU 1er NOVEMBRE

La Roue de l'année t'invite à rentrer dans ton for intérieur, dans ton temple pour célébrer la dernière étape de la vie, la dernière étape du cycle : celle de la mort. Rentre à l'intérieur de toi-même et plonge dans tes racines. Rentre en contact avec tes ancêtres et appelle leur guidance, leur bienveillance et leur soutien.

Tes ancêtres, qu'ils soient de ta lignée de sang, de cœur ou d'âme, t'entourent chaque jour. Ils t'envoient des signes plus ou moins évidents à capter. Ils te guident sur ton chemin de vie et vers ta mission de vie. Ils t'accompagnent vers ton accomplissement et tout au long de ton ascension. Ils te soutiennent dans tes expériences et étapes de vie.

Aujourd'hui, fais appel à eux en conscience. Aie de la gratitude pour ce qu'ils te transmettent et t'apportent depuis toujours. Honore leurs mémoires et leurs histoires. Accepte de recevoir leur amour infini et leur bienveillance venus de l'autre côté.

Lève-toi, ferme les yeux, sens tes racines et les leurs se mêler, s'entremêler et ne faire qu'une. Sens toute la force de ta lignée s'infuser en toi et te porter aux confins de toi-même, de tes potentialités et de l'Univers.

Nouvelle lune en Scorpion
BOUSSOLES

NOUVELLE LUNE AYANT LIEU ENTRE LE 23 OCTOBRE ET LE 22 NOVEMBRE

La seule chose que tu puisses posséder est l'instant présent.

Cet instant qui peut être empreint de peurs, de chaos, de chamboulements, de questionnements profonds.

Cet instant qui peut te secouer dans chacune de tes cellules et te ramener à ton humanité, à ta vulnérabilité.

Cet instant peut te faire trembler et te rappeler que sans lui tu n'es rien.

Mais si tu prends le temps de te connecter à ce qui est, tu comprendras que la peur a un message clair pour toi. (Re) Branche-toi à toi-même et à tes boussoles intérieures : ton cœur, ton instinct et ton intuition. Laisse-leur la place qu'elles méritent. Et pas seulement la mince place dont elles héritent après la multitude d'injonctions qui remplissent ta vie.

Redonne-leur leur souveraineté pour qu'elles te guident, t'éclairent et t'accompagnent. Alors, tu pourras comprendre que cette peur viscérale n'est autre qu'une montée d'adrénaline qui te signale les magnifiques aventures à venir.

La peur est là pour te confirmer que tu avances dans la bonne direction : celle de la magie, celle où ton âme agit. Alors, reconnecte-toi à toi-même, à ces émotions désagréables que tu refoules, à tes boussoles intérieures qui n'attendent que toi pour t'aiguiller et te montrer le chemin.

MANTRA

« J'accueille les signaux qui me guident vers des aventures magiques. »

Pleine lune en Taureau
VIBRATION

PLEINE LUNE AYANT LIEU ENTRE LE 23 OCTOBRE ET LE 22 NOVEMBRE

Quand tout est chamboulé dans ton corps, que la noirceur s'empare de ton cœur et tes pensées limitantes sont en cycle fermé, fais un pas en arrière et change d'ambiance. Branche-toi sur une autre fréquence, transforme l'atmosphère qui stagne autour de toi et élève ta vibration.

Comment ? Lève-toi et danse. Lève-toi et chante. Lève-toi, bouge et dissipe ces basses vibrations. Ramène la légèreté dans ce quotidien écrasant, pesant et parfois tragique. Ramène de la douceur et de la futilité dans cette routine empreinte d'obscurité. Ramène l'allégresse à l'intérieur de cette boîte noire dans laquelle tu t'es enfermé.

Sois le gardien de la lumière, le gardien de la joie, le gardien d'un monde empli de douceurs, de naïveté et de bonheurs accessibles.

Apprends à danser sous la pluie, à danser avec la pluie et à chanter malgré elle.

Pour que rien ni personne ne puisse te freiner sur ton chemin du bonheur et de la liberté.

Pour que rien ni personne ne t'éloigne de ce que tu es venu accomplir dans cette vie

Alors lève-toi, danse, chante et élevons ensemble notre vibration.

Décembre

RÉTROSPECTIVE

Ce passage de la Roue est une invitation à regarder derrière toi. À te plonger dans ce que tu as vécu et traversé récemment. Dans ces moments qui ont pu être douloureux et ceux qui ont été joyeux.

Lâche tes projections du futur et des éventualités, laisse de côté ce qui pourrait être. Le temps n'est pas à la visualisation, mais à la rétrospective. Passe en revue les semaines passées, les mois écoulés ou même l'année qui se termine. Puise dans cette revue toute la sagesse des expériences, des épreuves et des étapes traversées.

Un flashback pour tirer les leçons de ce qui te tient à cœur et ce qui n'est que chimères. Un retour en arrière afin d'avancer sereinement vers l'après en sachant qui tu es, d'où tu viens, ce qui t'anime et constitue tes forces.

La sagesse se trouve toujours derrière toi. Peu importe ton âge, ton sexe, ta couleur de peau ou ton orientation sexuelle. Aucune de ces caractéristiques n'est synonyme d'une quelconque sagesse.

La sagesse que tu portes se trouve en toi, dans ton cœur, dans toutes ces épreuves que tu as traversées. Dans ta capacité à prendre conscience de ces apprentissages pour ce qu'ils sont : un tremplin vers le mieux, vers la lumière.

Yule

PUISSANCE

GÉNÉRALEMENT LE 21 DÉCEMBRE POUR LE SOLSTICE D'HIVER

De la noirceur naît la lumière. Goûte cette puissance ténébreuse qui te guide au détour des méandres et tumultes de la vie. Cette puissance endormie, voire étouffée, qui t'accompagne et t'éclaire dans les sombres épreuves de ton existence. Cette puissance au fond de toi que tu repousses, renies et délaisses.

Il est plus aisé de suivre les conseils extérieurs que de plonger au fond de toi-même et d'être à l'écoute de sens subtils, de ton instinct, de ton intuition, de ton cœur. À l'écoute de ce feu qui dort en toi, de ces ressentis qui t'éclairent comme un sapin de Noël, de cet alignement énergétique qui te relie directement à ton âme.

Ferme les yeux et fais-toi confiance.

Écoute-toi, lâche prise sur ce qui était ou ce qui sera pour apprécier ce qui est.

L'instant présent.

Les moments partagés et les émotions qui te traversent.

Tout est juste, tout est vrai, tout est aligné.

Laisse ta puissance s'allumer, t'éclairer et te guider.

En expérimentant la noirceur naîtra ta lumière.

Nouvelle lune en Sagittaire
RAYONNEMENT

NOUVELLE LUNE AYANT LIEU ENTRE LE 23 NOVEMBRE ET LE 21 DÉCEMBRE

Tu es rendu au dernier kilomètre d'un cheminement à la découverte de toi-même et de tes richesses intérieures.

Ce dernier kilomètre est le sprint final de ton marathon et il te pousse au bord de tes limites. Il t'invite à puiser dans tes dernières ressources pour dépasser ces dernières limitations mentales qui te retiennent d'atteindre ton but.

Pour cela, pose-toi les questions :

- Qu'est-ce qui me retient aujourd'hui ?
- Qu'est-ce qui m'empêche d'oser montrer au monde ma lumière ?
- Qu'est-ce qui (ou qui est-ce qui) m'interdit d'incarner pleinement la personne que je suis intérieurement ?

Peut-être que ce qui te retient est la crainte d'être rejeté, la peur de faire de l'ombre à quelqu'un d'autre ou l'appréhension face au succès et à la réussite qui t'attendent au bout du chemin.

Si ce passage de la Roue se présente aujourd'hui dans ta vie, c'est qu'il est temps de lâcher le contrôle sur l'image que tu souhaites avoir de toi-même.

Accepte que tu sois ici pour briller, pour rayonner, pour éclairer les chemins de ceux que tu croises !

Pleine lune en Gémeaux
IMMOBILITÉ

PLEINE LUNE AYANT LIEU ENTRE LE 23 NOVEMBRE ET LE 21 DÉCEMBRE

Invitation du jour : ne rien faire et observer !

Cela peut paraître inconvenant dans ce monde où tout tourne à cent à l'heure : les amis, les amours, les pensées, les activités, les challenges et j'en passe. Tout s'enchaîne dans un nuage de poussière aveuglant et anesthésiant.

Dans cette frénésie, pose-toi là, impassible, un instant. Reste dans l'immobilité et observe la vie passer. Observe le monde extérieur vivre et respirer. Prends plaisir à n'être que le lecteur de ces instants qui défilent.

C'est dans cet état de calme que tu perçois les messages de l'Univers, les signes de la vie, les guidances de tes ancêtres. C'est dans l'immobilité mentale que le nuage de poussière se dissipe pour que tu puisses ressentir, voir et entendre ce qui est devant toi (depuis bien longtemps).

Ce fameux signe du destin que tu invoques chaque soir. C'est dans cet état d'observation, de détachement et d'apaisement que tout apparaît clairement.

Alors, assieds-toi, respire profondément, laisse tes pensées et les minutes défiler pour trouver ta sérénité dans l'immobilité. Dans le rien faire, tu trouveras l'être.

MANTRA

*« Dans l'immobilité physique et mentale,
je perçois les messages de l'Univers. »*

13e lune
APOGÉE

13e PLEINE OU NOUVELLE LUNE DE L'ANNÉE. ELLE PEUT AUSSI REPRÉSENTER LA 2e PLEINE/NOUVELLE LUNE DANS LE MÊME SIGNE

La vie est à son paroxysme !

Tout est exacerbé. La 13e lune de l'année est haute dans le ciel. Lumineuse ou non, selon les parts de ton âme sur lesquelles elle vient appuyer.

À son apogée, elle met en lumière tout ce que tu portes en toi : le bon comme le mauvais. Ce qui est équilibré et ce qui est loin de l'être.

Ce passage de la Roue peut être aussi agréable que malaisant. Ces déséquilibres que tu tentes de masquer sont sous les feux des projecteurs. Ils sont mis au grand jour et te sont renvoyés en pleine face pour que tu ne puisses plus les ignorer.

Ils sont là, présents et avides d'attention. Ce qui ressort ces jours-ci, c'est les dissonances intérieures qui te sollicitent. Elles t'empêchent d'avancer vers ton être. Elles entravent la sérénité de ton cheminement.

Sois attentif à ces signes intempestifs, répétitifs, qui s'imposent à toi. La nécessité d'être plus présent à ce que tu fais, à toi-même, à tes proches frappe à ta porte. Elle s'accompagne de ce besoin d'exprimer ce que tu ressens, de te porter cet amour inconditionnel et vital à l'existence.

Sois attentif à ce que tu éprouves et aux messages extérieurs qui te guident vers un intérieur en paix.

À PROPOS DE L'AUTEUR

© Photographie : Laura Boil.

Charlotte Daynes est une *Lightworker* qui œuvre pour le bonheur et le bien-être de chacun·e. Elle a créé en 2015 « La lumière est en vous » qui accompagne les personnes et les groupes vers leur épanouissement personnel, vers leur bonheur et leur liberté.

Charlotte les mène vers un mieux-être global (cœur, corps, esprit) et les guide au travers de leur brouillard intérieur pour être pleinement aligné·e·s et bien dans leur vie.

Charlotte propose des formations en ligne pour développer ses capacités énergétiques ou pour vivre pleinement sa mission de vie. Elle anime aussi des retraites, des stages en pleine nature et des cérémonies chamaniques pour se (re)connecter à soi et à son potentiel.

www.lalumiereestenvous.fr

pca
cmb
édition pré-presse
livres numériques

44400 Rezé